Eugéne Scribe

Felipe

Traducción y adaptación

de Mariano José de Larra

Créditos

Título original: Felipe.

© 2024, Red ediciones S.L.

e-mail: info@linkgua.com

Diseño de cubierta: Michel Mallard

ISBN tapa dura: 978-84-1126-008-4.
ISBN rústica: 978-84-9816-353-7.
ISBN ebook: 978-84-9897-997-8.

Cualquier forma de reproducción, distribución, comunicación pública o transformación de esta obra solo puede ser realizada con la autorización de sus titulares, salvo excepción prevista por la ley. Diríjase a CEDRO (Centro Español de Derechos Reprográficos, www.cedro.org) si necesita fotocopiar, escanear o hacer copias digitales de algún fragmento de esta obra.

Sumario

Créditos _____ **4**

Brevísima presentación _____ **7**
   La vida _____ 7

Personajes _____ **8**

Acto I _____ **9**
   Escena I _____ 9
   Escena II _____ 13
   Escena III _____ 16
   Escena IV _____ 17
   Escena V _____ 21
   Escena VI _____ 22
   Escena VII _____ 27
   Escena VIII _____ 33
   Escena IX _____ 38
   Escena X _____ 39

Acto II _____ **43**
   Escena I _____ 43
   Escena II _____ 43
   Escena III _____ 44
   Escena IV _____ 47
   Escena V _____ 47
   Escena VI _____ 55
   Escena VII _____ 55
   Escena VIII _____ 60
   Escena IX _____ 61
   Escena X _____ 62
   Escena XI _____ 64
   Escena XII _____ 66

Escena XIII _____ 66
Escena XIV _____ 69

Libros a la carta _____ 75

Brevísima presentación

La vida

Mariano José de Larra (Madrid, 1809-Madrid, 1837), España.

Hijo de un médico del ejército francés, en 1813 tuvo que huir con su familia a ese país tras la retirada de las fuerzas bonapartistas expulsadas de la península. Como dato sorprendente cabe decir que a su regreso a España apenas hablaba castellano. Estudió en el colegio de los escolapios de Madrid, después con los jesuitas y más tarde derecho en Valladolid. Siendo muy joven se enamoró de una amante de su padre y este incidente marcó su vida. En 1829 se casó con Josefa Wetoret, la unión resultó también un fracaso.

Las relaciones adúlteras que mantuvo con Dolores Armijo se reflejan en el drama *Macías* (1834) y en la novela histórica *El doncel de don Enrique el Doliente* (1834), inspiradas en la leyenda de un trovador medieval ejecutado por el marido de su amante. Trabajó, además, en los periódicos *El Español*, *El Redactor General* y *El Mundo* y se interesó por la política.

Aunque fue diputado, no ocupó su escaño debido a la disolución de las Cortes. Larra se suicidó el 13 de febrero de 1837, tras un encuentro con Dolores Armijo.

Personajes

Doña Isabel
Matilde, su sobrina
Don Fernando, vizconde de Blanca Flor
Felipe
Federico
Lorenzo
Criados

Acto I

La escena es en Madrid en casa de doña Isabel.

El teatro representa una hermosa habitación con una puerta en el fondo y otras dos laterales; la de la derecha del actor es la del cuarto de Matilde; la de la izquierda la del de Federico. A este lado un velador; al otro una mesa grande con tintero, etc.

Escena I
Doña Isabel y Matilde, sentadas.

(La primera borda, la segunda deja un libro en que ha estado leyendo.)

Matilde	Pero, querida tía, ¿es algún delito acaso interesarse en la suerte de Federico? Es tan bueno, tan amable, tan desgraciado... Un joven huérfano, aislado, que nunca ha conocido a sus padres... ¿Usted misma no le recogió en su casa desde su más tierna infancia? ¿No le ha dado usted una educación nada común?...
Isabel	Eres muy niña todavía, Matilde. Es verdad que no es un delito querer a Federico; que lo merece, ¡ah! sin duda; pero una joven de tus años debe ocultar sus sentimientos, y...
Matilde	Señora...
Isabel	Sí, hace días que tenía ganas de hablarte de esto; noches pasadas fuimos a la ópera; yo le había ofrecido mi palco a Federico, le había hecho este honor; pero estaba allí con nosotros el vizconde de Blanca Flor, mi sobrino. El vizconde, aunque tiene algunos defectos propios de la juventud, reúne las más bri-

llantes cualidades; y esto te lo digo, Matilde, porque quisiera que lo tuvieras presente... Tengo entre manos un proyecto de que te hablaré después. Pero, volviendo a la ópera, tú no hiciste en toda la noche más que reír a carcajadas, y chichisbear con Federico. Él podría decirte cosas muy divertidas; pero, hija mía, en la ópera no parece de buen tono reírse de esa manera. Después al salir aceptaste el brazo de Federico, sin guardar respetos al vizconde, que te ofrecía el suyo.

Matilde	Yo creí que podía... Es tan amable...
Isabel	¡Ah, no, no! es preciso que te acuerdes de quién eres, que consultes siempre la etiqueta.
Matilde	¡Ah, yo no hubiera consultado más que a mi corazón!... Federico le está a usted tan agradecido... la quiere a usted tanto...
Isabel	Lo creo, Matilde; y tendría un sentimiento si no lo creyese; pues, a pesar de eso, dejando aparte mi clase, no veo en él aquellas consideraciones y respetos que yo pudiera exigir de un joven que debe a mí todo cuanto es... Sin ir más lejos, ahí tienes, él vive en mi misma casa como un hijo, nunca le he negado la entrada en mis suarés; él pudiera venir todas las noches a formarse, a aprender los modales de la buena sociedad, las maneras del buen tono; pero, tú misma lo ves, apenas parece alguna noche.
Matilde	Pero, tía, sea usted imparcial también. Esa sociedad será muy hermosa... pero no es divertida.

Isabel	¡Cómo, Matilde!
Matilde	Quiero decir, para un joven como él... no oír hablar de otra cosa más que de la antigüedad de nuestro apellido, de los veros y cuarteles que entran en nuestro escudo, de las proezas de los Hurtados de Mendoza... yo misma, y eso que soy de la familia, le aseguro a usted que muchas veces...
Isabel	Matilde...
Matilde	¡Con que con cuánta más razón se fastidiará ese pobre Federico, joven, vivo, atolondrado! ello es verdad, yo lo confieso, tiene los cascos ligeros; ¡pero tiene tan buen corazón! ¡Ah! Créame usted, nos hemos criado juntos, y lo conozco perfectamente. No se puede usted figurar hasta dónde llega el agradecimiento, el cariño que le profesa a usted.
Isabel	¿Lo crees así, Matilde?
Matilde	Ciertamente, y sino lo que hizo el día que se desbocaron los caballos de usted. Mi primo el vizconde de Blanca Flor se estaba en la acera a una distancia respetable, dando voces y pidiendo socorro; pero Federico se arrojó a detener los caballos con riesgo de ser atropellado, y los detuvo. ¿Quién sabe si le salvó a usted la vida? Pues para que usted no se asustara viendo su vestido roto y sus manos llenas de sangre, se escabulló entre la gente y me vino a encargar que no dijera una palabra.
Isabel	Y tú lo has callado: has hecho muy mal, y yo no sabía nada. ¡Pobre Federico!

Matilde	Yo creo, aquí para entre las dos, que el rango de usted le intimida. ¡Cuántas veces me dice!... porque conmigo tiene sus conversaciones muy tiradas.
Isabel	¡Hola!
Matilde	Sí; no le debo parecer tan imponente como usted... Pues cuántas veces me dice: «¡Ah! que no tuviera yo una ocasión para probarle a mi bienhechora mi agradecimiento! ¡Con qué placer daría mi vida por ella! Si al menos estuviese casada, yo podría ser útil en algo a su esposo... si fuese militar yo le seguiría a la guerra, mi cuerpo le serviría de escudo...»
Isabel	¿Eso dice?
Matilde	Sí, señora; y por cierto que esto me ha hecho pensar muchas veces en una cosa... ¿Por qué no se ha querido usted casar nunca, querida tía?
Isabel	(Sorprendida.) ¿Por qué? Porque... ésa es una pregunta pueril, y...
Matilde	Pues a, mí me parece que siendo de tan buena familia y con dinero, no hubieran faltado muchos que...
Isabel	Sí... de buena familia... por lo mismo es preciso casarse con un igual, y éstos son pocos. Tú piensas como mi hermana: reconozco en ti las ideas de tu madre, que, en lugar de seguir mi ejemplo, escogió en una clase muy inferior un marido que tenía dinero, pero nada más.

Matilde	Verdad es; dicen que mi padre no era noble, y que era millonario; pero para eso quería mucho a mi madre, y la hizo tan feliz que...
Isabel	¡Ah, no! esa no es una disculpa; la felicidad a que puede conducirnos una falta no basta para justificarla.
Matilde	Pues a no ser por esa falta no tendría usted ahora a su lado a una sobrina que la acompaña, y la quiere, y...
Isabel	Yo te lo agradezco, Matilde; pero... Alguien viene; será Federico, a quien he enviado a llamar, y que ya tarda demasiado. No, es Felipe.

Escena II

Dichas; Felipe, con unos papeles en la mano.

Isabel	¿Qué es eso, Felipe?
Felipe	El correo y las cuentas del mes, porque hoy 1.º
Isabel	Bien, bien. ¿Para qué las he de ver?
Matilde	Bien se puede fiar en Felipe: no es un mayordomo adocenado.
Isabel	¡Oh! Felipe es todo un hombre de bien. Yo, gracias a su celo, tengo fama de ser dos veces más rica de lo que en realidad soy; gasto muchísimo; no sé lo que son deudas; y siempre tengo dinero a mi disposición...

Felipe   Señora, no hago más de lo que debo: mire usted...

Isabel   Es inútil, Felipe.

Felipe   La señora nunca quiere ver lo que firma; pues eso es muy mal hecho; vamos, léalo usted, léalo usted; es preciso.

(Isabel pasa junto a la mesa para examinar los papeles.)

Matilde   Es particular, en toda la casa nadie se atreve a hablar a mi tía con ese tono, y sin embargo no se enfada. Estos criados antiguos tienen derecho para todo.

Felipe   (Acercándose a Matilde.)
Hago mal... lo conozco, señorita, pero un antiguo militar no puede hablar como un cortesano.

Isabel
(Leyendo.)   ¿Qué es esto?
«Limosnas que ha dado la señora, tres mil reales.» Esto sube muchísimo más que otros meses.

Felipe   Señora, es usted tan caritativa y los tiempos están tan malos, que todos acuden aquí, artesanos indigentes y sin trabajo, soldados pobres que han derramado su sangre en los campos de batalla; en fin, compañeros antiguos de armas, benéficos también cuando podían, como yo.

Isabel   ¡Ah, sí, sí! a Felipe debemos en cierta época el habernos salvado de algunos peligros.

Matilde	Entonces, ¿qué extraño es que le esté usted agradecida?
Isabel	Acabemos... «Asistencias de Federico, mil reales.» Esto es demasiado para un mes.
Felipe	¿Demasiado, señora, para usted que le ha criado, que le protege?... Es preciso hacer las cosas completas... que se instruya, que aprenda, que tenga maestros... ya sabe usted que el que no posee bienes de fortuna necesita tener algún mérito.
Isabel	Eso es precisamente de lo que él debería estar convencido... Yo te he puesto a su lado, Felipe, para que le sirvas de ayo, de amigo. Y no estoy nada contenta con él, ni contigo tampoco: tú le echas a perder, le mimas; no tienes carácter: yo sé que muchas noches se recoge a deshoras...
Felipe	Señora...
Isabel	Ayer noche no le vi.
Felipe	(¡Dios mío!)
Isabel	Esta mañana le envié a, decir que bajase, y aun no ha parecido.
Felipe	Salió muy de mañana: tiene un repaso de leyes, creo; en fin, trabaja tanto, que a veces se pasa la noche...
Matilde	¿Lo ve usted, tía? Al fin enfermará.

Isabel	Ah, no, no; de ningún modo: tampoco quiero que trabaje tanto: yo se lo prohibiré.
Felipe	¡No, no es menester!
Isabel	(Cogiendo una bolsa.) Toma, ahí tiene su trimestre; dáselo de mi parte, y encárgale sobre todo la economía y la buena conducta.
Felipe	Bien, señora: pero ya podía usted tener un poco más de indulgencia: tiene sus faltas, pero si es un muchacho: es atolondrado, pero es pundonoroso; y en fin, si yo estuviera en su lugar puede que fuera peor que él.
Vizconde (Dentro.)	¿Todavía no han almorzado? Perfectamente.
Isabel	Esta es la voz de mi sobrino.

Escena III
Dichos; el Vizconde, en un elegante negligé.

Un lacayo	(Anunciando.) El señor vizconde de Blanca Flor.

(Felipe arregla los papeles junto a la mesa.)

Vizconde	Querida tía, siempre a los pies de usted: adiós, prima; hoy estoy muy madrugador: yo mismo estoy absorto de verme en pie casi a la misma hora que todo el mundo.
Isabel	¡Pues cómo ha sido eso!

Vizconde	¡Oh! Lo he tomado desde más atrás: no me he acostado esta noche.
Felipe	¡No se le puede pedir más arreglo!
Matilde	Excelente conducta, vizconde.
Vizconde	Verdad es que podía ser mejor; pero, hija, hay tantos bailes este invierno, las noches son tan cortas, la vida se pasa en un momento.
Isabel	¡Almuerzas con nosotras! Matilde, anda, dispón que no tarden.
Matilde	Voy, tía. Primo, con tu permiso: adiós, Felipe.

Escena IV

Felipe; Isabel, sentada, firmando los papeles que le va presentando Felipe; el Vizconde.

Vizconde	He venido en primer lugar a almorzar con usted, y en segundo, querida tía, a darla las gracias. ¿Ha visto usted ya al del caballo?
Isabel	Demasiado a menudo le veo.
Vizconde	¿Cómo ha de ser, tía mía? esos malditos caballos ingleses no tienen precio. Yo, la verdad, los caballos y la ópera... si el diablo me ha de llevar será por ese lado.
Felipe	El señor vizconde cambia tan frecuentemente...

Vizconde	Cierto, es lo que yo digo: yo gasto lo mío y lo de mi tía, y lo de... pero ¡qué diantre! es preciso brillar en el mundo, que hablen de uno, y no ajustar nunca cuentas.
Felipe	¡Sobre todo cuando el dinero es de los demás!
Vizconde	No hay otro camino. Si siquiera tuviéramos una guerra, sería un ahorro para mí; porque entonces o me matarían pronto o yo daría que decir, y de este modo me saldría más barato.
Isabel	¡Cómo! ¿Exponer tu vida? ¿Estás loco? El último vástago de la familia... de ningún modo; y ahora que viene a cuento debieras acordarte de quién eres muchas veces, y tener más moderación... ¿qué lance era aquel de que se hablaba tanto ayer?
Vizconde	¿Qué, sabe usted...? ¿Y eso ha podido incomodarla a usted?
Isabel	Y mucho.
Vizconde	Sin embargo, bien sabe usted mi destreza, y lo que es en ese lance tenía yo razón. Yo había visto en el teatro... ya sabe usted donde me pongo siempre, tía; desde allí asesto mi anteojo; pues bien, había visto a una bailarina... un cuerpo, unos ojos, una alma, Señor, una alma, y sobre todo un piececillo... ya puede usted figurarse, tía, quién.
Isabel	¡Fernando!

Vizconde	No tenga usted cuidado. Pues, señor, es la sal del mundo: quisieron hacerme creer que tenía un rival.
Felipe	¡Cómo es posible!
Vizconde	Yo pensaba como Felipe, no quise creerlo; pero en estos tiempos suceden tantas cosas increíbles... Pues, señor, vuelo a casa de mi bella, que estaba en su tocador; voy a levantar el pestillo... buenas noches estaba echada la llave, y oigo una vocecilla de primo basso que me responde: «¿Quién va?»
Isabel	¡Ay, Dios mío!
Vizconde	No quedaba duda; otro hubiera alborotado, hubiera dado una campanada: yo por el contrario no pudiendo remitir mi cartel a mi hombre, escribo en la puerta con el lapicero de mi cartera: «El amante de mi querida es un necio, y le aguardo en el Prado: fulano de tal.»
Isabel	¿Y fue?
Vizconde	¿Cómo si fue? Fueron tres: según parece todos habían ido leyendo uno tras otro mi epístola, que por lo visto ha venido a ser una circular.
Isabel	(Levantándose.) ¿Y os habéis batido?
Vizconde	Inmediatamente, y con mis tres paladines: herí al uno, desarmé al otro, y almorcé con el tercero, un joven excelente, que no me quiso dejar; porque en los desafíos, es delicioso, se hace uno amigos a todo

	trance: este me llevó después a una casa, donde hemos pasado una noche divina, una casa de... en fin, una casa... y allí por más señas encontré a su amigo de usted, Federico.
Felipe	¿Federico?
Isabel	¡Qué dices, Fernando!
Felipe	El señor vizconde se equivoca; eso no puede ser.
Vizconde	¡Me equivoco, y le he hablado yo mismo! Por cierto que extrañé mucho verlo en aquel sitio, y cuando yo salí a las seis de la mañana aun quedaba allí.
Felipe	(¡Que no te se secara la lengua!)
Isabel	(Mirando a Felipe.) Había salido temprano esta mañana para trabajar... ¡Bien está! Y esa casa es...
Vizconde	¿Qué se yo?
Felipe	Pues el señor vizconde estaba...
Vizconde	Sí, yo... pero amigo mío, yo... es muy diferente; pero un pobre diablo como él, que no tiene un cuarto... esto pudiera ser muy alarmante; eso es todo lo que puedo decir, no quisiera tampoco ofenderle.
Felipe	¡Ah, no, no! hable usted por Dios, no nos haga usted sospechar más de lo que tal vez habrá: aunque hubiera ido a esa casa por divertirse, por alguna

	muchacha, como la del señor vizconde... (Sorpresa del vizconde.) ¿qué sé yo? y ¿por qué no? a su edad...
Isabel	Felipe, el señor vizconde no te ha dirigido la palabra.
Vizconde	Sí; pero el señor don Felipe la toma por sí y ante sí: es elocuente, eso siempre compone parte del lujo de un mayordomo; también le costará a usted más caro.
Felipe	¡Por vida de...!
Isabel	Felipe, calla; ¿olvidas...? Fernando, vamos, y sobre todo delante de Matilde nada de aventuras, ni relaciones, ni... cuando estamos a punto de manifestarla nuestros proyectos, no convendría que tus locuras...
Vizconde	¡Bah! ¿Eso qué importa? Mientras que sea soltero... ahora, en casándome...
Isabel	¿Serás más prudente?
Vizconde	¡Oh, entonces sí!
Isabel	(A Felipe, al salir.) Estoy descontenta. Fernando, dame el brazo.
(Saliendo.)	Muy descontenta.

Escena V

| Felipe | Muy descontenta; pues, a eso no hay que responder; hablador, bachiller, con sus relaciones y su aire de desprecio... ¡despreciar a Federico! Comete faltas, es verdad, pero eso nada le importa a él, ¡sino a la señora y a mí! (Tomando en peso la bolsa.) |

¡Pobre muchacho! Su trimestre... no pesa gran cosa; y por esta vez no hay que esperar suplemento: esta es la ocasión de socorrerle sin que él lo sepa.
(Mira alrededor y busca en su faltriquera.)
Precisamente aquí traigo algunos ahorros que iba a imponer... no soy un ricachón, pero al fin con un poco de arreglo nunca faltan algunos cartuchos para servir a los amigos (Coge un rollo de monedas.): se encontrará con su paga algún tanto aumentada, pero creerá que es la señora.
(Mete algunas, monedas de oro en la bolsa.)
¿Dónde diablos puede haber pasado la noche? No venir a dormir, ponernos en cuidado... ¡oh! esto es muy mal hecho; no veo de cólera.
(Vaciando todo el paquete.) ¡Eh! echémoslo todo, y se acaba más pronto.

(Va hacia la izquierda.)

Escena VI
Federico, Lorenzo, Felipe.

Felipe	(En el fondo, a Lorenzo.) Anda, que no te vea nadie; entra en el cuarto de Matilde, pon esta carta sobre su almohadilla, o en su cartera de dibujo: toma, es el último dinero que me queda.
(Lorenzo entra.)	
Felipe	Él es.
Felipe	(Dejando su sombrero y su bastón sobre la mesa de la derecha.)

Sí; lo sabrá todo; pero cuando yo esté lejos.

(Atraviesa el teatro, y se arroja sobre un sillón junto al reloj. Felipe, que está en el fondo a la derecha observándole, se acerca.)

Felipe	¡Cómo viene! Abatido, estropeado, parece que acaba de andar cien leguas a marchas forzadas: ¡pobre Federico!
Felipe	Puede ser que me tenga lástima. ¡Ah! Felipe.
Felipe	(Mudando de tono.) ¡Gracias a Dios! ¡Voto va! ¿No le da a usted vergüenza?
Felipe	Felipe, por Dios, te suplico que dejes esas reconvenciones: no estoy para oírlas.
Felipe	Y las tiene usted que oír sin embargo. ¿Qué significa esto? ¿Qué vida es esta? Poner a toda la casa en cuidado, y sobre todo a mí y a la señora.
Felipe	(Levantándose.) ¿La señora dices? ¿Pues qué, Felipe, sabe?...
Felipe	Todo lo sabe: por más que he mentido para disculpar a usted, que no hubiera hecho otro tanto por mí, no ha querido oírme, está furiosa con usted.
Felipe	No me faltaba más que esto: todo lo hubiera arrostrado: yo habla tomado ya mi resolución, pero su cólera... ¡ah! no, jamás; yo, que daría mi vida por ahorrarle un disgusto...

Felipe   Bien está: ¿pero qué, no teme usted también desazonarme a mí, que soy su apoyo, que ausente o presente estoy siempre a la mira para velar sobre usted, para defenderle? ¿Para mí no hay agradecimiento?

Felipe   Sí, Felipe, si; te pido mil perdones; soy un loco, un ingrato, o más bien soy un desgraciado, eso es lo que soy, nada más.

Felipe   ¡Desgraciado! (Con frialdad.) Ya lo entiendo: ¿usted ha hecho algún disparate, eh?

Felipe   Sí, uno, uno solo primero, que me ha hecho cometer después otros veinte.

Felipe   Demasiado es para empezar; pero vamos por orden.

Felipe   Estoy enamorado, pero...

Felipe   ¡Enamorado!

Felipe   Es de una persona tan superior a mí...

Felipe   ¡Bah! Siendo joven, estando bien, no hay distancia que valga: ¿y esa persona?...

Felipe   ¡Ah, si tú supieras!... pero no, no; quisiera podérmelo callar a mí mismo, Felipe: ¡qué cruel es sentirse capaz de distinguirse, y encontrar un obstáculo invencible! ¿Qué puede, hacer un hombre que no sabe quién es? Felipe, ¿cuál es mi familia? ¿cuál es mi apellido? ¿de quién soy hijo?

Felipe	De sus obras de usted, y eso basta y sobra. Un hombre de bien, un hombre de mérito no necesita para nada un apellido ilustre.
Felipe	Por más que digas, es una humillación insoportable: todos los jóvenes que concurren aquí afectan mirarme con desprecio... yo no puedo permanecer más tiempo; esta casa se me ha hecho odiosa; he llegado a desanimarme; no sé en qué extravagancias he dado; se ha apoderado de mí una ambición frenética de hacer suerte, de tener bienes; me ha parecido que esta sería una compensación, una especie de mérito; hay tantos que no tienen otro... en fin, con esa necia esperanza he jugado.
Felipe	¿Ha jugado usted?
Felipe	Como un loco, como un desesperado.
Felipe	¿Usted, Federico? ¡Ah! es muy mal hecho: no es necesario preguntarle a usted si ha perdido.
Felipe	Más de lo que puedo pagar..
Felipe	Debería reñirle a usted, pero eso será después; tal vez no perderá usted nada en demorarlo; acudamos a lo más urgente: aquí está el trimestre, no puede llegar más a tiempo.

(Le da la bolsa.)

Felipe	¡El trimestre! ¡Ah! no basta.

Felipe   Mírelo usted bien; creo que ha de haber más que otras veces: la señora me lo ha entregado para usted, encargándome que le echase una peluca, que tiene bien merecidas.

(He acertado en aumentar su pensión.)

Felipe   Vaya, siempre lo recibirán a buena cuenta.

Felipe   ¡Cómo! ¿A buena cuenta?

Felipe   Sí; he jugado, he apostado por mejor decir, toda la noche con ese maldito vizconde de Blanca Flor, a quien no puedo tolerar; sola su vista me ofende: me empeñé en llevarle siempre la contraria: me hubiera alegrado tanto de humillar su presunción... pero ha sido al revés; ha tenido una suerte tan sostenida, tan insolente como su facha; he perdido veinte mil reales.

Felipe   ¡Veinte mil reales, Dios mío!

Felipe   Sí, veinte mil reales, que he pedido a mis vecinos, al dueño de la casa... y es preciso pagarlos hoy mismo: ya conoces que no me queda más recurso que el de levantarme la tapa de los sesos.

Felipe   ¿Qué dice usted? Tiemblo todo.

Felipe   Cuando se debe, cuando es forzoso vivir deshonrado, avergonzado, no hay otro recurso.

Felipe   Sí, señor, le hay.

Felipe	¿Cuál, Felipe?
Felipe	Pagar.
Felipe	¿Pagar? ¿veinte mil reales? ¿estás en ti? ¿de qué modo?
Felipe	No sé, no hay ahorros que basten; pero es preciso pagar.
Felipe	He buscado a todos los amigos.
Felipe	Amigos, ¡ah! cuando se trata de dinero nunca se les encuentra en casa. Solo una persona puede sacarle a usted del paso.
Felipe	¿Quién, mi protectora?
Felipe	Es preciso confesárselo todo.
Felipe	Jamás, amigo mío, jamás; la quiero mucho, pero la temo tanto...
Felipe	No importa. ¡Voto va! Vamos, resolución, valor; es preciso pasar ese mal trago: eso le servirá a usted de castigo. Aquí viene precisamente.

Escena VII
Dichos, Doña Isabel.
(Federico y Felipe se retiran hacia el fondo.)

Felipe	¿No me dejarás solo, Felipe?

Felipe	No tenga usted cuidado; yo me quedo aquí detrás, como cuerpo de reserva para auxiliarle en un caso.

(Doña Isabel entra distraída sin verlos.)

Felipe	No nos ha visto; está distraída, pero tiene una cara tan seria...
Felipe	No importa, yo conozco esa seriedad; adelante, sin miedo.
Felipe	(Da algunos pasos y retrocede.) No, no me atrevo; es demasiado: primero sufriré mil muertes.

(Echa a correr hacia su cuarto, y cierra la puerta.)

Felipe	Vamos. (Mira alrededor y le ve huir.) ¡Bravo! Escapa, y me deja solo en las astas del toro.
Isabel	(Viendo a Felipe) ¿Eres tú, Felipe? ¿Pareció ya Federico?
Felipe	Sí, señora.
Isabel	(Viendo que Felipe mira a todas partes.) ¿Qué es eso? ¿Qué tienes?
Felipe	Miro si viene alguien (Se acerca): no quisiera que me interrumpieran.
Isabel	¿Pues qué hay?

Felipe	Nada, un pequeño contratiempo, poca cosa. ¡Qué diantre! La juventud es un momento de fiebre que dura más o menos, y cuando el acceso he pasado, lo cual desgraciadamente suele suceder demasiado pronto...
Isabel	¿Adónde vas a parar con esos preámbulos?
Felipe	En una palabra, señora, (Bajando la voz) el chico ha jugado.
Isabel	¿Federico?
Felipe	Sí, señora, ha jugado, ha perdido, debe dinero. (Así, así, el mal trago pasarle pronto.)
Isabel	¿Qué dices? ¿En esa casa donde le vio mi sobrino?
Felipe	Era una casa de juego; pero el gran tono, sociedad de alto coturno; es decir, que el chico ha perdido mucho, y ahora, señora, es preciso pagar.
Isabel	¿Pagar? ¿Tú has creído que yo consentiría en?... ¿Yo contribuir a semejante desarreglo, pagando una deuda de juego? ¿Darle alas?...
Felipe	Sí, señora, veinte mil reales.
Isabel	¿Y qué me importa la cantidad? ¿Cuándo me has visto reparar en el tanto menos cuanto para hacer bien? Me parece que acostumbro hacerlo con nobleza; pero después de una conducta como esa... No, Felipe, no; estoy decidida, no lo pagaré.

Felipe (Animado.) ¿No lo pagará usted?

Isabel No, señor, no: ¿qué diría mi familia, qué diría todo el mundo si los bienes de los Hurtados de Mendoza no sirviesen más que para enmendar las faltas de un atolondrado?

Felipe ¿Su familia de usted? ¿El mundo? Le tiene usted demasiado miedo, señora; le ha sacrificado usted ya tantas cosas...

Isabel ¡Felipe!

Felipe No tenga usted cuidado, mis labios no se despegarán; sé lo que he prometido, y lo sabré cumplir; nunca lo olvidaré; pero es preciso que cada uno cumpla con su obligación; acuérdese usted de que ese pobre muchacho no tiene nadie a quien volverse más que usted; y si usted le abandona, si permite que viva deshonrado, ¡ah! nadie sabe de lo que es capaz; tiene pundonor, no es cobarde... atentará contra su vida.

Isabel ¡Dios mío!

Felipe Sí, está determinado. ¿Qué quiere usted? ¿Qué apego puede tener a la vida? Como me decía él mismo no hace mucho: «Yo estoy solo en el mundo, sin parientes, sin esperanzas... todo lo que tengo lo debo a la compasión.»

Isabel ¿Eso decía?

Felipe	Sí, señora, y otras cosas decía también que me hacían saltar las lágrimas. ¡Pobre Federico! Yo le contemplaba, y decía para mí... (Doña Isabel hace un movimiento para taparle la boca.) Bien, señora, bien, nada; pero tenía el corazón en un puño... ¡Ah! usted no siente nada de eso... Usted es feliz, y vive tranquila.
Isabel	¡Feliz yo! No, Felipe, no lo soy.
Felipe	¡Bah! Señora... en esos salones rodeada de personas que la respetan a usted, y de una familia que dirige a su placer...
Isabel	¿Y crees que en el fondo de mi corazón no siento algo más que eso? Pero yo debo dar un buen ejemplo a todos los que dependen de mí.
Felipe	¿Cómo? ¿Insiste usted?...
Isabel	No, no: yo lo pagaré todo, sí te lo prometo; pero chitón; ni Federico ha de saberlo.
Felipe	¿Y por qué no? ¿Teme usted por ventura que llegue a cobrarle a usted demasiado cariño?
Isabel	No, Felipe; pero mi sobrino pudiera extrañarlo, y llevarlo a mal: ya sabes que es mi heredero.
Felipe	Tanto más motivó para indemnizar a ese pobre Federico mientras que usted viva; además de que no volverá a reincidir en semejante falta. Habrá de contentarse con su pensión, que, aunque no es exorbitante...

Isabel	¿De veras? ¿Te parece escasa.? Porque en ese caso se le pudiera aumentar.
Felipe	Sí, sin duda; con otro tanto... Además, todos sus amigos tienen caballos, trenes... (Sorpresa de doña Isabel.) No, yo no soy exigente, pero me parece que no haría usted nada de más en regalarle un bonito caballo con un criado para servirle y acompañarle.
Isabel	¿Y no eres exigente, Felipe?
Felipe	¡Qué diantre! Mire usted, señora...
Isabel	Bien, vaya, bien; cómprale ese caballo, lo que necesite; pero sin derrochar, sin...
Felipe	Basta; compraré lo mejor, lo más caro, y cuando usted le vea encima, veremos si le pesa. ¡Oh! el bribonzuelo, ¡si viera usted qué bien monta! Usted, como no le hace caso... pero sin ir más lejos, el otro día en el Prado había unas ciertas señoritas, pero señoritas del gran tono, que se paraban para verle pasar, y a cada vuelta repetían: «¡Qué aire tan bonito! ¡elegante figura! ¡qué buen jinete!»
Isabel	¿De veras?
Felipe	Sí, señora, como usted lo oye; y yo tenía tanto gusto en oírlas, que toda la tarde me fui insensiblemente tras ellas.
Isabel	Eso es verdad; tiene una fisonomía muy...

Felipe	Muy expresiva, sí, señora, muy agradable; y si le animasen un poco... si usted de cuando en cuando le dirigiese la palabra con cariño, con predilección... porque la verdad... está usted siempre tan seria con él...
Isabel	¡Yo!
Felipe	Delante de usted está cortado, tiene miedo.
Isabel	¿Miedo, Federico? ¿A mí?
Felipe	Sí; por ejemplo, ahora debía usted perdonarle esta falta, usted misma hablarle, y... ya veo que usted misma lo desea tanto como yo.
Isabel	¿Pero estás seguro de que no vendrá nadie?
Felipe	Nadie, nadie vendrá. Voy a llamarle.

Escena VIII
Doña Isabel, Felipe, Federico.

Felipe	Salga usted: ya salimos del paso; esto va perfectamente.
Felipe	Es imposible...
Felipe	Vamos, háblela usted, pero con gracia, con despejo.
Isabel	Federico.
Felipe	(Empujándole.)

	Vaya, otro esfuerzo: más cerca, más.
Felipe	(Yo tiemblo.)
Isabel	Venga usted aquí, señorito, venga usted aquí: todo lo sé; pero no tenga usted cuidado, no; nada tengo que añadir a lo que usted mismo conoce: por esta vez yo enmendaré esas locuras, pero contando que no perder el fruto de esta lección.
Felipe	En mi vida olvidaré tanta bondad.
Felipe (Bajo.)	Perfectamente.
Isabel	Federico, te suplico que no te hagas jugador.
Felipe	Jamás, señora, jamás. (Yo no estoy en mí. ¡Qué bondad!)
Felipe	Se supone que ya no jugará.
Isabel	No sabes el sentimiento que me darías.
Felipe	¡Ah! no, señora; primero quisiera dejar de existir que darle a usted un sentimiento... y más cuando recuerdo cuántos beneficios he recibido en esta casa, yo que no tenía en el mundo quien pudiera interesarse por mí.
Isabel	Tienes amigos que no te abandonarán mientras no te hagas indigno de sus favores.
Felipe	Nunca lo será: yo respondo por él.

Felipe   (Besándola la mano.)
                Es verdad, nunca.

(Doña Isabel se vuelve para ocultar su conmoción.)

Felipe (Bajo.)   Así, señora, así. (Me parece que yo en su lugar ya le hubiera...)

(Hace el movimiento de abrazarle.)

Isabel   ¿Y tus estudios? ¿a qué altura te hallas? ¿piensas en adquirir un nombre? ¿en formar tu suerte?

Felipe   Solo me falta recibirme de abogado.

Felipe   Lo ve usted, señora: ¡abogado!

Felipe   ¡Ah! eso no es nada hasta que uno no adquiere reputación.

Isabel   Dice bien.

Felipe   ¡Oh! eso creo que no es tan fácil; pero, de todos modos, siempre es una bonita carrera encontrarse abogado hecho y derecho a su edad. ¿No es verdad, señora?

Isabel   No hay duda: conozco abogados que son muy bien admitidos en las casas más principales.

Felipe   Yo lo creo.

Isabel   (Observando a Federico.)

(No decía mal Felipe. Tiene una figura muy interesante, un aire muy señor.)
(Se levanta, y le dice a Federico.) Escucha, Federico: yo pienso en tu porvenir, en tu felicidad. Solo te pido que no le opongas obstáculos tu mismo con tu conducta.

(Felipe pasa a la izquierda de Federico.)

Felipe   ¡Ah! señora, disponga usted de mí; sería dichoso si pudiera consagrarla mi vida.

Isabel   Me alegro; es decir que no encontraré ninguna oposición a mi voluntad.

Felipe   Suscribo desde luego a perder el fruto de su bondad si vacilo un instante en obedecerla.

Felipe   Yo respondo de él.

Isabel   Pues bien, en ese supuesto voy a descubrirte mis intenciones; voy a proponerte un medio de empezar brillantemente tu carrera: he pensado colocarte con una rica heredera de diez mil duros de dote: pones tu bufete, y tienes asegurada tu subsistencia.

Felipe   ¡Dios mío!

Isabel   Ya le he hablado muchas veces a su tío: tú le conoces, don Jorge Bustillos: ha aceptado el partido, y creo que... ¿No te alegras?

Felipe   Señora...

Isabel	¿Qué veo? Esa tristeza... mírame.
Felipe	¡Cuando se le propone este fortunón deshecho, ese silencio!
Isabel	Vamos, habla, Federico: puedes oponer alguna dificultad... responde.
Felipe	Señora, lo conozco, soy un ingrato.
Isabel	¡Cómo!
Felipe	Me es imposible aceptar.
Isabel y Felipe	¡Imposible!
Isabel	¡Estoy admirada! ¿Y qué motivo racional...?
Felipe	Ninguno, señora; permítame usted que calle: no puedo decir más; pero es imposible.
Felipe	¡Qué imprudencia!
Isabel	¿Qué dices? Pues yo lo exijo, lo mando: esta boda se ha de hacer.
Felipe	Dígnese usted escucharme: conozco que no debiera pagar de este modo sus beneficios; pero permítame usted que los rehúse todos si para merecerlo es preciso concluir una boda...

Isabel	Enhorabuena, señorito; supuesto que no se puede hacer carrera de usted, yo tomaré mis medidas; tiemble usted mi cólera.
Felipe	Reflexione usted lo que hace.
Isabel	Déjale: tú te acordarás de este día.

Escena IX
Dichos; Matilde, acudiendo el ruido.

Matilde	¡Jesús, tía! ¿Qué sucede? ¡Qué enojada está usted!
Isabel	Me parece que tengo razón para estarlo.
Matilde	¿Con Federico?
Isabel	Sin duda; y usted, señorita, que toma siempre su defensa, no sé cómo podrá disculparle en esta ocasión. ¡Rehusar una boda de esta especie!
Felipe	¡Un dote de diez mil duros!
Isabel	¡Y una joven muy hermosa!
Matilde	¿De veras, Federico?
Isabel	¿Y por qué razón?
Felipe	Y si no me creyese yo libre... sí mi corazón estuviese...
Isabel	¡Cómo! ¿Es por eso?

Felipe	Sí, señora, se me había olvidado, está enamorado.
Felipe	¡Por mi desgracia! Pero esto no me autoriza para hacer, casándome, la de otra persona.
Matilde	Querida tía, a lo menos es hombre de bien, y usted no le puede obligar a...
Isabel	Puedo obligarle a ser racional, sí, señor... acabemos. ¿Y quién es esa belleza que le impide a usted obedecer mis...?
Felipe	Responda usted. ¿Quién es?
Felipe	Permítame usted que lo calle, es mi secreto; nadie lo sabrá; puedo amarla sin delinquir, y sería culpable si la nombrase.

Escena X
Dichos, el Vizconde.

Vizconde	¿Dónde están ustedes? Todos me han dejado. Te buscaba, prima.
Matilde	¿A mí?
Vizconde	Yo, como me duermo cuando estoy sin hacer nada, me divertía en registrar tu cartera de dibujo. ¡Qué países tan bonitos! Estaba acabando ya, cuando de pronto cae a mis pies esta carta cerrada.
Isabel	¿Una carta?
Vizconde	Con el sobre para Matilde.

Felipe (Turbado.)	(¡Es la mía!)
Isabel	¿Qué quiere decir esto?
Matilde	Yo no sé, tía. Véalo usted.
Felipe	(A Federico, que se estremece.) ¿Qué tiene usted?
Felipe	(¡Soy perdido!)
Isabel	Una declaración.
Vizconde	(Leyendo con su tía.) Firmado: «Federico.»
Matilde, Isabel y Felipe	¡Federico!
Isabel	¡Qué insolencia! ¡Tiene usted valor!...
Felipe	¡Imprudente!
Felipe	Todo se ha perdido. ¡Desgraciado!
Isabel	¿Qué te parece, vizconde?
Vizconde	Dé usted alas a estos niños... ahí verá usted.
Isabel	Efectivamente, mi excesiva bondad, mi indulgencia tiene la culpa de todo.
Felipe	Señora...

Isabel	Dejadme... este es el pago de mi protección.
Felipe	(¡Que no me confunda un rayo!)
Isabel	Enhorabuena: usted lo ha querido, usted se lo ha buscado; yo he hecho lo posible por atraerle a usted al buen camino, todo ha sido inútil. Basta de sufrimiento; saldrá usted de mi casa.
Felipe	¡Cielos!
Felipe	¡Qué escucho!
Isabel	Vizconde, esta es la llave de mi papelera; extiende una libranza de un año de pensión contra mi banquero.
Felipe	¿Piensa usted, señora, que puedo seguir aceptando sus favores?
Felipe (Bajo.)	Calle usted.
Isabel	Matilde, entra en tu cuarto: Felipe, ven conmigo.
Felipe	Señora, hágase usted cargo...
Isabel	Ni una sola palabra quiero oír sobre este particular.
(Vase.)	
Felipe	¡Infeliz de mí! Ya está fijada mi suerte: enhorabuena. ¿Qué importa? ¿No estaba ya decidido? Todo el mundo es mi patria; sí, corramos a disponer la

marcha. ¡Ah! ¡No he podido hablarla! ¡Matilde! ¡Matilde! Partiré; pero ya que dejo esta casa para siempre, ya que no he de volver a verte, tú sabrás al menos mis sentimientos; tú conocerás el sacrificio que hago por ti.

Acto II

Escena I

Federico   (Sale de su cuarto.) Pocas horas me quedan de estar en casa; ya no me falta más que dar el último adiós a Matilde; si estará todavía en su cuarto... (Mirando por la cerradura.) Sí. ¡Matilde! ¡Matilde! ¡Resolución!

Escena II
Matilde, Federico.

Matilde   ¡Ah! ¿Es usted, Federico? Perdone usted si después de lo que ha hecho no me atrevo a conservar la misma intimidad que nos ha unido hasta aquí, y si en cumplimiento de las órdenes de mi tía evito una conversación que usted ha hecho peligrosa con su imprudencia.
(Yéndose.) (¡Pobre Federico!)

(En el momento en que va a entrar en su cuarto, Federico pasa a su derecha y la detiene.)

Felipe   Matilde, Matilde, dos palabras: por favor.

Matilde   (Junto a la puerta.)
No puede ser.

Felipe   Yo se lo suplico a usted; óigame usted.

Matilde   Ya es imposible: mi tía... el vizconde...

Felipe   (Mirando por la puerta del fondo.)
Poco me importa su cólera: solo temo la de usted... y cuando una sola palabra pudiera disculparme...

Matilde	Disculparle... ¡Ojalá!
Felipe	Este secreto no debiera haber salido nunca de mi pecho. Lo sé, y si me determiné a revelarle fue porque estaba decidido a huir para siempre de esta casa, a morir...
Matilde	¿Qué dice usted?
Felipe	Y ese es el único partido que puedo tomar en esta situación.
Matilde	(Acercándose.) ¡Cielos! Federico... ¡Ah! ya sé que no tengo derecho para exigir nada de usted. Pero si, como usted dice, me ha ofendido, si usted quiere que le perdone, renuncie usted a esas ideas, prométame usted conservarse para sus amigos.
Felipe	Amigos ya no los tengo.
Matilde	Más de los que usted piensa.
Felipe	(Arrojándose a sus pies.) ¡Qué escucho! Matilde, acaba usted de hacerme feliz.

Escena III
Dichos; el Vizconde, que entra por el fondo con una libranza en la mano.

Vizconde	(Al verlos.) ¿Qué es esto?

Matilde   ¡Ay!

(Huye a su cuarto.)

Vizconde (Riendo.)   Magnífico... Ese es el patético más sublime... Felizmente esta escena no ha tenido más testigos que yo.

Felipe   Caballero...

Vizconde   Basta. No hablaré una palabra de esto a mi tía; tal vez le privaría a usted de este último beneficio.
(Le da la letra.) Ahí tiene usted esa libranza; tómela usted, y aléjese. Tómela usted, repito.

Felipe   Jamás; la mano que me la ofrece sería muy suficiente motivo para que yo la rehusase.

Vizconde   ¿Qué quiere decir eso?

Felipe   Que debo mil consideraciones a mi bienhechora, pero a usted, caballero, no creo deberle nada... y no sé con qué derecho se ha tomado la libertad de...

Vizconde (Riendo.)   ¿De sorprenderle a los pies de su prima?

Felipe   No, señor, de apoderarse de una carta que no era para usted; esa es una acción digna solo de un hombre sin principios, sin educación... me parece que me explico.

Vizconde   ¡Hola, hola! Caballerito, me parece que está usted abusando de su posición y mi delicadeza: se prevale usted de la ventaja de no tener un estado en el

	mundo, ni representación alguna para insultarme.. eso es poco generoso. Yo no puedo aceptar semejante contrario.
Felipe	Sin duda: su apellido de usted, su cuna harían el combate muy desigual.
Vizconde	No me ha entendido usted; no hablo de esas distinciones: al fin con la espada en la mano no seriamos más que dos hombres simplemente; hablaba solo de la posición de usted en esta casa.
Felipe	Ya no estoy en ella, me han echado.
Vizconde	Debiera usted recordarla, así como los respetos...
Felipe	Usted me lo hace olvidar todo; he recibido los beneficios de la tía y los ultrajes del sobrino; estamos pagados, y si usted no es un cobarde...
Vizconde	¡Caballero! Basta, ya me ciega mi cólera; usted necesita una lección, se la daré.
Felipe	Veremos quién la da o la recibe.
Vizconde	Necesito una satisfacción.
Felipe	Ese es mi deseo.
Vizconde	Corriente: ¿qué armas?
Felipe	Cualquiera.
Vizconde	¿La espada?

Felipe	Sea la espada.
Vizconde	¿Testigos?
Felipe	No los necesito.
Vizconde	¿El sitio?
Felipe	Fuera de la puerta de Atocha.
Vizconde	¿A qué hora?
Felipe	Ahora mismo.
Vizconde	Perfectamente.
Felipe	Le sigo a usted.

Escena IV
Federico	¡Bravo! Él tira muy bien, yo en mí vida las he visto más gordas: mejor, con eso acabaremos más pronto, y me veré libre de una existencia que me es odiosa. Y ya que no he de volver a ver a Matilde, ya que es preciso abandonar hoy mismo esta casa...

Escena V
Federico, Felipe.

Felipe	(Que ha oído las últimas palabras.) ¿Abandonarla? Todavía no.
Federico	¿Qué dices?

Felipe	Que acabo de hablar por usted.
Federico	¿No te lo había prohibido?
Felipe	Óigame usted: usted ha hecho muchos disparates: el primero amar a la señorita doña Matilde; el segundo escribirle; y el tercero, sobre todo, no haberme dicho una palabra.
Federico	¿A ti?
Felipe	Sí, señor; esta es una idea como otra cual quiera; si yo la hubiera sabido antes se hubiera obrado con arreglo a ella.
Federico	¡Qué dices! ¿Es posible?
Felipe	¡Si es posible! Sepa usted que hace veinte años que no ha pasado un solo día en que yo no haya pensado en su prosperidad de usted, en su porvenir... nunca tendrá usted tanta ambición como he tenido yo para usted.
Federico	¡Querido Felipe!
Felipe	Sí, y para llegar al término es preciso dejarse llevar. Usted se queda en casa.
Federico	¡Cierto! ¿Cómo te has compuesto para lograrlo?
Felipe	Con dos condiciones, de cuyo cumplimiento he respondido yo por usted.
Federico	Desde ahora las apruebo.

Felipe	Primera, que evitará usted relaciones con Matilde, y que no volverá en su vida a decirla una palabra acerca de la carta.
Federico	¡Dios mío! Esto es hecho.
Felipe	¿Qué?
Federico	Nada, nada; ¿y la segunda?
Felipe	Guardar consideraciones al vizconde, hacer las paces con él, y para empezar darle una satisfacción, pedirle mil perdones acerca de lo que ha pasado, puesto que como novio de Matilde debe estar ofendido.
Federico	¿Yo pedir perdón? ¿y a mi rival? ¿al autor de mis desgracias, a un hombre de quien solo recibo ultrajes? ¿perdón? Cuando voy a batirme con él...
Felipe	¡A batirse!
Federico	Sí; aunque esto haya de costarme la vida, no puedo escuchar más que la voz de mi resentimiento. Hemos empeñado entrambos nuestra palabra, estamos citados, y esto ha de ser.
Felipe	¡Citados!
Federico	Sí, y es preciso que me encuentre ya allí cuando vaya: quiero ser el primero. ¿Qué, tiemblas? ¿Es de miedo?

Felipe	Tal vez; por mí mismo no he experimentado nunca lo que ahora por usted. ¡Batirse! ¡Y sin saber coger una espada!
Federico	¿Qué importa?
Felipe	¡Y con un hombre que tiene tanta seguridad!
Federico	Me es indiferente.
Felipe	Es correr a una muerte cierta.
Federico	Enhorabuena: ¿qué importancia tengo en el mundo? Solo en la tierra, como un ente caído del cielo, sin saber quién soy, debiéndome avergonzar tal vez de mi origen, sin padres, sin familia...
Felipe	¿Qué, yo no soy nada para usted?
Federico	(Cogiéndole la mano.) Sí, Felipe, sí; tú, tú solo me has querido, lo sé: ahora mismo te veo conmovido; tus ojos arrasados en lágrimas.
Felipe	(Conmovido.) Pues en nombre de este cariño tan antiguo, por estas lágrimas que su peligro de usted me arranca, renuncie usted a tan funesto designio.
Federico	¡Renunciar!
Felipe	(Con energía.) ¡Federico! Amigo mío, yo se lo suplico a usted, se lo pido de rodillas, no por la señora, cuyos beneficios

	quiere usted pagar con tal ingratitud; no por Matilde, a quien va usted a hacer mil veces más desgraciada; sino por mí, por el pobre Felipe, que le ha visto a usted nacer, que le ha recibido en sus brazos; olvide usted los despropósitos de un atolondrado, un loco.
Federico	¡Olvidarlos! Jamás.
Felipe	Pero ¿sobre qué fue la disputa?
Federico	No sé; solo sé que debo vengarme.
Felipe	¿Qué le ha dicho a usted?
Federico	(Enajenado.) No lo sé, nada; pero debo vengarme de él, de su amor, de su boda con Matilde. La hora se acerca; vamos, Felipe, mi espada.
Felipe	(Con frialdad.) No, señor.
Federico	¿Cómo que no?
Felipe	No va usted.
Federico	¿Qué te atreves a proponer?
Felipe	Que ya que es usted sordo a mis ruegos y a la voz de la amistad, ya que olvida todos sus deberes, yo cumpliré con los míos: usted no saldrá de aquí.
Federico	¿Quién me lo ha de impedir?

Felipe	Yo.
Federico	Eso lo veremos. (Se acerca a la mesa, coge sus guantes, su sombrero y su bastón: al mismo tiempo Felipe va a cerrar la puerta y coge la llave.) ¡Cómo! (Se vuelve y lo ve.) ¿Te atreves?...
Felipe	Sí, señor, a salvarle a usted, mal que le pese; sí, señor, le he dicho a usted que no saldrá de aquí, y no saldrá usted.
Felipe (Conmovido.)	¡Qué osadía! Felipe, vuélveme esa llave.
Felipe	No, señor.
Federico (Colérico.)	Teme mi furor.
Felipe	Nada temo, y le prohíbo...
Federico	¡Prohibirme! Esto ya es demasiado, y una insolencia semejante...
Felipe	(Queriendo contenerle.) Téngase usted.
Federico	(Enarbolando el bastón.) Yo la castigaré.
Felipe	¡Pega, desgraciado, pega a tu mismo padre!
Federico	¡Mi padre!

(Deja caer su bastón.)

Felipe	Sí, yo soy tu padre: ¿cuál otro origen podía tener este cariño de que no ceso de darte pruebas desde que naciste? Este es el secreto de que he sido víctima; secreto fatal que debía haber muerto conmigo, secreto que he guardado hasta ahora religiosamente por tu misma felicidad; secreto, en fin, que me has obligado a descubrir para librarte de un crimen horroroso.
Federico	No me atrevo a levantar los ojos.
Felipe	Te avergüenzas sin duda de deber tu existencia a un criado.
Federico	¡Yo avergonzarme! nunca; y esa idea...
Felipe	Solo una cosa me resta que decirte; este criado era soldado cuando naciste: en la flor de mis años, en la edad del valor, me esperaba una carrera brillante en una época tempestuosa en que el amor a la independencia de la España y la intrepidez bastaban para encontrar los grados y los honores en la trinchera enemiga. Pues bien, gloria, ascensos, fortuna, hasta la esperanza de morir honrosamente por el rey y por la patria en un campo de batalla, todo lo sacrifiqué para permanecer al lado de mi hijo: para cuidar de su infancia no temí exponerme al menosprecio, a la humillación, abrazando un estado... en fin, ciñéndome a ser tu mismo criado. Y esto sin sonrojarme, porque muchas veces me decía a mí mismo: «Federico me amará, y esto me basta.»
Federico	¡Padre mío, perdón!

	(Se arroja en sus brazos.) ¿Cómo pagar tantos beneficios? ¿Cómo expiar mis faltas? Querido padre, ¡cuán dulcemente suena en mis oídos este título sagrado! Ya tengo un amigo, una familia; ya no estoy solo en el mundo.
Felipe	(Enjugándose los ojos.) Hijo mío, cálmate.
Federico	¡Ah! Por favor, explíqueme usted...
Felipe	Silencio eterno acerca de este misterio; una promesa sagrada, un juramento me liga; que no sospeche nunca nadie que le he violado. ¿Te negarás ahora a obedecerme?
Federico	No, no; estoy dispuesto a todo: hable usted.
Felipe	Entra en tu cuarto.
Federico	¿Y el vizconde, que me espera?
Felipe	¿No tienes confianza en mí?
Federico	Sí; pero huir, ocultarme... ahora menos que nunca: mi honor es el de usted también.
Felipe	Eso me toca a mí; un militar antiguo sabe como tú lo que el honor exige.
Federico	(¡Cielos! y no hay más puerta que esa; es imposible escaparme.) Se lo suplico a usted.
Felipe	Entra, Federico; te lo ruego.

Federico	¡Querido padre!
Felipe	Pues bien, te lo mando.
Federico	Obedezco.

(Se inclina con respeto, y entra en su cuarto. Felipe lo observa.)

Escena VI
Felipe	(Va a poner la llave en la puerta.) ¡Ah! Conozco cuanto debe padecer, y ya le quiero más... pero no; nadie me privará del único bien que me queda, y debo antes de todo... aquí está la señora.

Escena VII
Felipe, Doña Isabel.

Isabel	¿Le has visto, Felipe? ¿Le has indicado mi voluntad?
Felipe	Hable usted bajo, señora; está ahí.
Isabel	¡Federico! Pero ¿qué ha habido? estás pálido, demudado.
Felipe	He llegado a tiempo: se iba a batir.
Isabel	¡A batirse!
Felipe	Sí, con su sobrino de usted.
Isabel	¡Cielos! debiste estorbárselo, prohibírselo.

Felipe	Eso es precisamente lo que he hecho; le he encerrado en su cuarto, y hasta nueva orden nada hay que temer; pero al hacer uso de mi autoridad ha sido preciso probarle que tengo derecho para tenerla: ya sabe que soy su padre.
Isabel	¡Qué has hecho!
Felipe	Tranquilícese usted, no sabe más; la segunda parte del secreto no me pertenecía, la he respetado: pero desengañémonos, señora, estas medidas de nada sirven, ellos se han desafiado, y tarde o temprano...
Isabel	¡A pesar de tu prohibición!
Felipe	A su edad y en hombres de honor esas prohibiciones no hacen más que aumentar el deseo de batirse: yo me acuerdo de lo que sentía y de lo que siento aún con solo la idea de un ultraje: no hay más que un medio de estorbar esta desgracia, y usted sola puede emplearle.
Isabel	¡Yo, Felipe!
Felipe	Sí, señora, quitando la causa.
Isabel	¿Y cómo?
Felipe	Federico ama a Matilde.
Isabel	Bien, ya lo sé.
Felipe	El vizconde no tiene amor sino a su dote; no le será difícil renunciar a ella, y deponer todo proyecto de

	venganza si usted se lo manda; en cuanto a Federico, yo respondo de él, si obtiene la mano de Matilde.
Isabel	¡La mano de Matilde! Felipe...
Felipe	Señora, es preciso.
Isabel	Tú estás loco, Felipe. ¿humillarme hasta ese punto? ¿dar armas contra mí?
Felipe	¿Y qué, cuando en ello va la vida...?
Isabel	Se podrá hallar otro medio de salvar a tu hijo; pero casar a mi sobrina con un hombre oscuro...
Felipe	Se lo suplico a usted.
Isabel	Repito que es imposible, y acabemos, Felipe; eso es olvidar lo que me debes, y quién eres.
Felipe (Indignado.)	¡Quién soy! Usted es quien lo olvida, pero yo se lo recordaré.
Isabel	¡Felipe!
Felipe	(Cogiendo su mano.) Óigame usted. Cuando en una época tempestuosa se hallaba usted en un pueblo de provincia, comprometida toda su casa por la adhesión a un partido de su desgraciado padre; cuando sola, abandonada, iba usted a ser la víctima de un populacho sediento de sangre, a pesar de su sexo y de su edad; cuando iba usted a pagar con la cabeza la funesta fama de un apellido demasiado comprometido, ¿a quién acudió

	usted entonces para que la amparara? Un pobre sargento era tal vez el único que podía salvarla en aquella circunstancia difícil; se acogió usted a él, y este pobre sargento no desoyó la voz de la piedad: en medio del furor de los bandos, del riesgo de parecer traidor a su partido, este pobre sargento no se contentó con guarecer su persona de usted sino que también defendió su casa: entonces, ¿lo ha olvidado usted ya? la muerte nos amenazaba a todos, y no veía usted tanta distancia entre un soldado y la orgullosa...
Isabel	¡Felipe!
Felipe	Sí; entonces yo era joven, era valiente, pero no era nada más que un soldado, y sin embargo, usted lo olvidó un momento... el agradecimiento tal vez, la situación, todo produjo el amor, y desde entonces su libertador de usted vino a ser su esclavo.
Isabel	(Asustada, señalando la puerta de Federico.) ¡Por Dios! más bajo.
Felipe	Entonces, conmovido por sus remordimientos de usted, por su desesperación, a todo me sometí; quiso usted, como era justo, reparar el extravío de un momento; su conciencia exigía que la religión santificase su falta, y exigió usted de mí que vínculos sagrados y eternos borrasen aquel error: a nada me opuse, nos casamos; aún más: por el decir de las gentes, por ese mismo orgullo inconsiderado, exigió usted de mí que nuestro matrimonio fuera y se conservase eternamente secreto: yo consentí, y desde aquel día tu esposo, Isabel, ignorado, confundido

entre tus mismos criados, nunca ha proferido una queja, una sola queja. ¿Y sabes, sin embargo, todo lo que sacrifiqué? Nunca te lo he dicho, pero... en una aldea feliz, al lado de mi anciano padre, una joven bella y virtuosa aguardaba el regreso del infeliz soldado... había recibido mi juramento; en fin, me amaba aquélla, y me amaba con orgullo, se envanecía con mi amor: ella hubiera hecho mi fortuna; pues, a pesar de todo, yo la escribí que ya la había olvidado, que no contase con mi corazón, que nunca me volvería a ver. Hice aún más; por permanecer al lado de mi hijo me resigné a verle huérfano en la casa de los autores de sus días, criado por compasión en casa de su madre, que para ocultar una supuesta falta le priva de sus derechos; me condené a no estrecharle nunca en mis brazos, a no amarle sino a hurtadillas como si fuera un crimen; y en premio de tanta resolución, de tan grandes sacrificios, solo una cosa te pido, una sola, ¡Isabel! la felicidad de tu hijo, y me la niegas.

Isabel   ¡Ah! Tú no sabes cuán a mi pesar, pero me es imposible, y extraño este rompimiento: después de veinte años de silencio, no esperaba yo que tú exigieras una cosa que puede arrebatarme en un día lo que más estimo en el mundo, el aprecio y la consideración de los que me rodean; si esta boda se hiciese me acusarían de olvidar mi cuna, y Dios sabe si le darían una interpretación siniestra, si adivinarían la verdad. ¡Ah! si la pública malignidad llegase a traslucir aquella falta, si se llegase a saber este vergonzoso secreto, ¡cielos! solo de pensarlo me estremezco, yo no sobreviviría, Felipe, a semejante afrenta: en fin, concluyamos, esta boda es imposible, y no se hará jamás.

Felipe	¡Jamás!
Isabel	Felipe, déjame.

(Quiere irse.)

Felipe	(Deteniéndola con fuerza.) No, Isabel, no te dejo.
Isabel	¡Ah! Por Dios, acuérdate de nuestros convenios: muda ese estilo, que te pueden oír.
Felipe	Bien, señora, le mudaré; será un sacrificio más, pero con una condición. Yo he podido inmolarme a su tranquilidad de usted, a su orgullo... pero en cambio de tantos tormentos, de tales humillaciones, necesito la felicidad de mi hijo... me es indispensable, lo exijo, y la lograré por cualquier medio que sea, aun por los que usted tanto teme.
Isabel	¿Qué oigo? ¿Y tu deber, tus juramentos?
Felipe	Y usted que me reconviene, ¿cumple usted por ventura los suyos?
Isabel	Gente viene: ¡silencio por Dios!

(Felipe vuelve a tomar una postura reverente. Doña Isabel se aparta hacia la izquierda.)

Escena VIII
Dichos, Lorenzo.

Lorenzo	Señor Felipe...
Isabel	¿Qué hay, Lorenzo?
Lorenzo	Nada, señora; es para el señor Felipe.
Felipe	¿Para mí?
Lorenzo	Sí, señor, ese papel para usted que acaba de subir el portero: si yo hubiera sabido que estaba aquí la señora, no hubiera entrado así...
Felipe	No tiene sobre.
Lorenzo	No importa, no importa, es para usted; un mozo la ha traído hace ya un buen rato, diciendo que se la entregasen al instante.
Felipe	Es particular.
Isabel	Basta. Anda con Dios, Lorenzo.

Escena IX
Felipe, Doña Isabel.

Felipe	No sé por qué me estremece esta carta. (Recorre la carta, y da un grito.) ¡Ah!
Isabel	¿Qué es?
Felipe	¡Federico! ¿será cierto?

(Suelta la carta, y se arroja en el cuarto de Federico.)

Isabel	¡Federico! ¿Qué dice? ¿qué nueva desgracia...? (Recoge la carta, y la lee rápidamente.) «Padre mío, perdóneme usted si le desobedezco; pero ahora menos que nunca puedo vivir afrentado. Hijo de militar, nadie podrá llamarme cobarde; ha llegado la hora. Adiós. Dentro de poco, o quedaré vengado, o ya no existiré.» (Dirigiéndose hacia Felipe.) ¿Es posible? ¡Federico!
Felipe (Pálido.)	Esto es hecho; la ventana que da al patio estaba abierta... se ha escapado.
Isabel	¡Dios mío!
Felipe	Marchó, y tal vez en este momento... (Sollozando.) ¡Hijo mío! ¡querido hijo!
Isabel	(Sosteniéndole.) ¡Felipe!
Felipe	(Cayendo sobre un sillón.) Ya no le veré más; le matará.
Isabel (Agitada.)	No, no; tal vez será tiempo todavía; es preciso seguirlos.
Felipe	¿Y adónde? ¿Dónde estarán ahora?
Isabel	No importa, es preciso hallarlos. (Corriendo a la puerta del fondo, que abre, y llama.) Lorenzo, Pepe, Antonio, (Toca la campanilla.) venid todos, pronto, al momento.

Escena X

Dichos, Lorenzo, varios criados, Matilde.

Isabel	¿Dónde está mi sobrino?
Lorenzo	¿El señor vizconde? Ya ha rato que salió.
Isabel	Y Federico, ¿quién le ha visto salir?
Lorenzo	Yo estaba a la puerta cuando salió; subió sin reparar en nada en un coche de alquiler de los que están en fila en la calle...
Isabel	¿Qué dirección tomó?
Lorenzo	No puse cuidado, señora; y no sé...
Matilde (Entra.)	¿Qué es eso, querida tía? ¿qué hay?
Isabel	Nada, hija; quisiera hablar inmediatamente al vizconde.
(A los criados.)	Montad a caballo todos, id a casa de mi sobrino, a casa de sus amigos, buscadle donde quiera que esté, decidle que le espero, que quiero verle al momento; vamos, al instante.
Lorenzo	Pero, señora...
Isabel	Sin dilación, y traedle con vosotros.
(Vanse.)	
Matilde	¡Dios mío! Nunca la he visto a usted tan inquieta por el vizconde. ¿Es cosa tan urgente?

Isabel	Sí: quítate: ¿me dejarás en paz? Te lo mando: ¿no puedo yo estar sola?
Matilde	Me voy, tía, me voy. ¡Jesús! ¡Jesús! ¿Qué será esto?

(Vase.)

Escena XI
Doña Isabel, Felipe.

Isabel	Felipe... vuelve en ti: tal vez... sí... volverá.
Felipe	No, señora, no; él no tiene más que valor, y su contrario... no me engañan mis presentimientos, ya nunca le veré.
Isabel (Llorando.)	¡Federico! ¡Nuestro hijo!
Felipe	Esa es la primera vez que pronuncia usted esa palabra: ¡nuestro hijo! Ahora llora usted; ya es tarde.
Isabel	Sí; aunque se haga pública mi vergüenza, yo le quiero con todo el amor de madre: ¡cuántas veces se han abierto mis brazos para estrecharle a mi pecho, para llamarle hijo!... siempre se cerraban de desesperación... ¡Ah, Felipe! si hubieras podido leer en mi corazón, si hubieras conocido sus angustias, la lucha de sus afectos, me hubieras perdonado. Mi único consuelo era pensar en él, pensar en su porvenir, en su felicidad, sus bienes...
Felipe (Se levanta.)	(Amargamente.) ¡Bienes! ¡dinero! Sí; ustedes creen que eso es todo. Una madre era lo que debía usted haberle dado.

Isabel	¡Por Dios, Felipe!
Felipe	Usted le amaba, y él no lo sabía.
Isabel	¡Felipe!
Felipe	Morirá sin que su madre le haya dado un abrazo.
Isabel	¡Por Dios!
Felipe	Su orgullo de usted... usted es quien le asesina.
Isabel	¡Cielos! no, no; no morirá: el cielo tendrá piedad de nosotros. Matilde, mis bienes, mi vida, todo lo doy si me vuelven a Federico.
Felipe	A buena hora.
(Escucha.)	
Isabel	¿Qué es eso?
Felipe	¡Silencio! ¿No oye usted? Ha sonado un coche.
Isabel	Ha parado en casa. (Se miran, y se dan la mano para sostenerse: doña Isabel, trémula.) Sí. ¿Por qué hemos de temblar? Él será, Federico.
Felipe	Sí, le traerán moribundo.
Isabel	Esto es demasiado padecer: sepamos cuanto antes...

(Se precipita hacia la puerta, y encuentra a Matilde.)

Escena XII
Doña Isabel, Matilde, Felipe.

Matilde — Tía, tía, tranquilícese usted; aquí está.

Felipe e Isabel — ¿Quién?

Matilde (Alegre.) — Su sobrino de usted, el vizconde.

Isabel — Yo fallezco.

(Cae en un sillón.)

Matilde — ¿Cómo?... preguntaba usted por él, y cuando viene... ¡Dios mío! socorrámosla: Felipe... ¡ay! me da usted miedo.

Felipe — Viene, ¿eh? Mejor... me matará también a mí, o le vengaré.

(Va hacia el fondo y Matilde quiere detenerle.)

Matilde — ¡Felipe!

Isabel — Detente.

(En el fondo el vizconde.)

Todos — Él es.

Escena XIII
Dichos, el Vizconde.

Felipe — Viene solo; no hay duda.

Isabel — Yo me muero.

Vizconde (Alegre.) — Vamos, ¿qué ocurre? Están ustedes todos pálidos, consternados...
(Se acerca a su tía.) ¿Con que usted sabía?...

Isabel — Todo lo sabemos.

Vizconde — ¿Y temblaba usted por mí? ¡Qué bondad! Pues ya sosiéguese usted, tía mía, ya estoy aquí.

Felipe — (Acercándose al vizconde.)
¿Y Federico?

Matilde (Asustada.) — ¡Federico!

Felipe (Con rabia.) — Salgamos...

Vizconde — (Admirado.)
¿Qué? ¿Qué tiene este hombre?

Felipe — Sígame usted.

Vizconde — ¿Para qué, para socorrerle? Es inútil... Su herida no vale la pena.

Isabel — ¿Qué dices?

Matilde — ¡Su herida!

Felipe — ¿No está más que herido?

Vizconde	Un rasguño... Contra mi costumbre.
Todos	¡Es posible!
Felipe	¡Ah! Vizconde, ¿no me engaña usted?
Isabel	¿No le has muerto?
Vizconde	¡Yo! Pues está bueno; si hubiera sido un tirador como yo, podía apostarse doble contra sencillo que ese hubiera sido el resultado; pero como es un torpe, que en su vida las ha visto más gordas, él ha sido el que por poco me...
Felipe	¡Cómo!
Vizconde	Primero le pinché en la mano... un arañazo, nada; entonces me planté, y le dije: «Señor mío, basta, ya hay sangre.» «¡Cómo que basta! -gritó volviendo a coger su espada-, no, señor; aquí ha de quedar uno de los dos; defiéndase usted.» Y se arroja sobre mí, como un loco, sin gracia, sin método, contraviniendo a todas las reglas; cosa insufrible para quien se bate por principios. Y en el momento en que yo le grito, riéndome, que tenga mejor su espada, me hace saltar la mía.
Felipe	¿Le ha desarmado a usted?
Vizconde	Contra todas las reglas; sin embargo, lo confieso, se ha portado con honor, y, si no es diestro, a lo menos es valiente.

Isabel	(Reconozco la sangre que corre por mis venas.)
Vizconde	Entonces me dijo generosamente: «Vuelva usted a tomar su espada;» y yo no quise: al fin le debía la vida.
Felipe	(Es hijo mío.)

Escena XIV
Dichos; Federico, que trae la mano vendada con un pañuelo.

Todos	¡Federico!
Felipe	(Abrazando a Felipe.) ¡Querido amigo! ¡Querido pa...!
Felipe	(Interrumpiéndole.) Bien, bien. (Mirándole con vanidad.) (Es mi hijo, es mi hijo.)
Felipe	¿Me perdonan ustedes este mal rato que...?
Matilde	Yo, no, señor; no tiene perdón habernos dado tal susto.
Felipe	¡Matilde!
Isabel	(A mí nada me dice; me juzga indiferente y no cree deberme consolar.) ¡Ah, cuánto sufro!
(A él.)	Federico...
Felipe	Perdone usted, señora; apenas me atrevo a presentarme delante de usted.

Isabel	¿Por qué? ¿Crees que no he participado de los temores que los dos me habéis causado, yendo en ello lo que más aprecio en el mundo?

(Mirando a Felipe.)

Vizconde	Es usted muy amable, tía; ya sabe que ha hecho un gran servicio a toda la familia.
Isabel	Por lo mismo debemos agradecérselo de una manera digna de nosotros. Sobrino, varias veces hemos hablado de tu boda con Matilde; pero me parece que he leído en su corazón...
Matilde	¿Me dice usted a mí tía?
Isabel	Si; me parece que prefiere, como su madre, una boda por amor a una boda por razón de estado; y para satisfacer de este modo las obligaciones de toda la familia, he determinado, si a ella le parece bien, conceder su mano a aquel a quien tú debes la vida.
Felipe	¡Es posible!
Matilde	¡Qué fortuna!
Vizconde	(Por consideraciones a mí le da una heredera de cien mil reales de renta. ¡Jesús, lo que me quiere mi tía!)

(Felipe se acerca a doña Isabel.)

Isabel	Y además haré por Federico lo que debo hacer.

(Bajo.)	Así que se casen, Felipe, ahora no.
Felipe (Id.)	¿Qué tiene usted?
Isabel (Id.)	¡Qué ganas tengo de abrazarle!
Felipe (Id.)	¿Y quién se lo impide a usted?
Isabel (Id.)	No me atrevo.
Felipe (Id.)	¿No se atreve usted? ¡Qué desgraciada debe usted ser! Vaya, (Alto.) caballerito, ¿quiere usted más? Ha hecho usted una bonita suerte; una mujer lindísima, cien mil reales de renta... ¿No da usted las gracias a quien tanto hace por usted?
Felipe	¡Ah! Mi vida no bastaría para...

(Besa la mano a doña Isabel.)

Felipe	¡Eh! No, señor, así no. (Embujándole.) Un abrazo; la señora lo permite.
Isabel (Le abraza.)	¡Ah! No resisto más. ¡Hijo mío!
Felipe	¡Qué dice usted!
Matilde y Vizconde	¡Su hijo!
Isabel	Sí, amigos: ha llegado el momento de descubrir un secreto que ha estado a punto de exponernos a todos a una desgracia. Vuelve, hijo mío, a mis brazos,

	y tú, Felipe, basta de humillaciones; llega, y ocupa para siempre el lugar que de derecho te corresponde, y que te ha conquistado tu virtud. Felipe es mi esposo.
Matilde y Vizconde	¡Qué dice usted!
Isabel (A Felipe.)	Sí; más despacio podré explicaros este arcano. Desde hoy solo tendrás a tu cargo la felicidad de toda la casa.
Felipe	Yo soy dichoso, más dichoso que nadie; mírelos usted unidos; estos eran los deseos de Felipe; se han cumplido, y ya nada necesito.

Fin de la comedia

Libros a la carta

A la carta es un servicio especializado para
empresas,
librerías,
bibliotecas,
editoriales
y centros de enseñanza;
y permite confeccionar libros que, por su formato y concepción, sirven a los propósitos más específicos de estas instituciones.

Las empresas nos encargan ediciones personalizadas para marketing editorial o para regalos institucionales. Y los interesados solicitan, a título personal, ediciones antiguas, o no disponibles en el mercado; y las acompañan con notas y comentarios críticos.

Las ediciones tienen como apoyo un libro de estilo con todo tipo de referencias sobre los criterios de tratamiento tipográfico aplicados a nuestros libros que puede ser consultado en Linkgua-ediciones.com.

Linkgua edita por encargo diferentes versiones de una misma obra con distintos tratamientos ortotipográficos (actualizaciones de carácter divulgativo de un clásico, o versiones estrictamente fieles a la edición original de referencia).

Este servicio de ediciones a la carta le permitirá, si usted se dedica a la enseñanza, tener una forma de hacer pública su interpretación de un texto y, sobre una versión digitalizada «base», usted podrá introducir interpretaciones del texto fuente. Es un tópico que los profesores denuncien en clase los desmanes de una edición, o vayan comentando errores de interpretación de un texto y esta es una solución útil a esa necesidad del mundo académico.

Asimismo publicamos de manera sistemática, en un mismo catálogo, tesis doctorales y actas de congresos académicos, que son distribuidas a través de nuestra Web.

El servicio de «libros a la carta» funciona de dos formas.

1. Tenemos un fondo de libros digitalizados que usted puede personalizar en tiradas de al menos cinco ejemplares. Estas personalizaciones pueden ser de todo tipo: añadir notas de clase para uso de un grupo de estu-

diantes, introducir logos corporativos para uso con fines de marketing empresarial, etc. etc.

2. Buscamos libros descatalogados de otras editoriales y los reeditamos en tiradas cortas a petición de un cliente.

www.ingramcontent.com/pod-product-compliance
Lightning Source LLC
Chambersburg PA
CBHW022124040426
42450CB00006B/832